구원이란
무엇인가?

교회생활 매뉴얼 2

구원이란 무엇인가?

교회와 신앙을
이해하는
새 신자 GUIDE

교회에 첫발을
내딛는 분들을 위해
알기 쉽게 풀이한
구원의 서정

정원기 지음

생명의 양식

시리즈 서문

『교회생활 매뉴얼』 시리즈는 신앙생활을 시작한 지 얼마 되지 않은 분들에게 기독교의 기초를 알려드리기 위해서 기획되었습니다. 즉 기초 교육 교재입니다. 시리즈는 총 열두 권으로 구성되어 있는데, 저자들은 현직 목회자와 신학교 교수입니다. 이들 모두는 건전한 신학 입장을 견지하는 가운데 다년간 목회 현장에서 성도들을 양육한 경험을 지녔습니다. 즉 이론과 실무를 겸비했습니다. 그러므로 교회는 안심하고 이 시리즈를 사용할 수 있습니다.

편집장은 시리즈를 기획하면서 새 신자들이 반드시 알아야 할 주제들이 무엇인지를 생각했고, 선택한 주제들을 열두 개로 분류했으며, 각 책을 집필하기에 가장 적합한 저자들에게 원고를

청탁했습니다. 그리고 저자들은 성의껏 집필해 주었습니다. 주제뿐 아니라 문투 역시 새 신자들이 이해할 수 있게 하려고 애썼습니다. 따라서 글을 읽는 데 어려움이 없을 것입니다.

우선, 이 시리즈는 교회에서 새 신자 교육용으로 활용하기에 적합합니다. 시리즈가 열두 권이고 각 책의 분량이 많지 않으므로 한 달에 한 권씩 공부한다면 일 년에 전체를 마칠 수 있습니다. 각 장 뒤에 '나눔'을 위한 질문이 있으므로 인도자와 새 신자가 책을 읽고 함께 토론할 수 있습니다. 하지만 형편이 여의찮으면 굳이 함께 읽지 않아도 됩니다. 새 신자가 혼자서 읽어도 내용을 어느 정도 이해할 수 있을 것이기 때문입니다. 각 장을 읽은 후 인도자와 더불어 소감을 나누거나 토론하면 됩니다. 이를 통해 믿음의 근본을 잘 세울 수 있을 것입니다.

나아가서, 이 시리즈는 새 신자뿐만 아니라 기존 교인들의 교리적 기초를 탄탄히 다지는 데도 유용합니다. 즉 교인들이 기독교의 기본 교리를 익히게 하는 데 도움이 됩니다. 전체 교인들에게 책을 읽히거나 교역자나 담당자가 가르칠 수 있습니다. 중등 혹은 고등 교리를 가르치기 전에 이 책을 통해서 기초 지식을 습득하게 하시기를 추천합니다.

시리즈 발간을 위해서 수고해 주신 분들께 감사드립니다. 저자들이 바쁜 일정 가운데서 글을 써 주신 데 대해서 심심한 사의를 표합니다. 책을 출간해 주신 총회교육원 이기룡 원장과 김은덕 출판실장을 비롯해서 연구원들께 감사드립니다. 목회 현장에서 양들을 품고 기도하시며 말씀을 전하시는 모든 목회자들께 우리 주님의 은혜가 충만하시기를 기도합니다.

2025년 8월

편집장 황원하

저자 서문

'교회생활 매뉴얼' 시리즈의 두 번째 책인 『구원이란 무엇인가?』를 집필하게 하신 하나님께 먼저 감사와 영광을 올려드립니다. 구원은 기독교 신앙의 가장 중심이 되는 주제이자 모든 성도의 신앙생활의 출발점입니다. 목회 현장에서 늘 성도들과 함께 고민하고 나누던 이 구원의 진리를 글로 정리할 수 있도록 허락하신 것은 하나님의 크신 은혜라 고백하지 않을 수 없습니다.

이 책은 단순히 교리를 설명하는 차원을 넘어서, 초신자와 다음 세대가 구원의 본질을 이해하고 확신을 가지도록 돕기 위해 집필되었습니다. 그래서 신학적 깊이를 담되 어렵지 않게 풀어내었고, 누구라도 쉽게 읽고 공감할 수 있도록 정리했습니다. 말씀 속에서 드러난 구원의 길을 차근차근 따라가다 보면, 하나님의 놀라운 은혜와 사랑이 얼마나 확실하게 우리의 삶에 역사하는지 깨닫게 될 것입니다. 구원을 칭의와 성화, 영화의 흐름으로 체계 있게 보여주면서도, 복잡한 이론이 아니라 실제 삶 속에서 체험할 수 있는 구원의 은혜를 느끼도록 이끌어주려 했습니다.

그리고 성경이 말하는 구원을 충실히 담아내되 누구든 이해할 수 있도록 쉽게 풀었고, 구원의 각 단계와 의미를 하나도 빠짐없이 다루어 구원의 전모를 명확히 제시했습니다. 또한 삶 속에서 구원이 어떤 능력과 위로가 되는지를 풍성한 예화와 적용으로 보여주었기에, 단순한 교리서가 아니라 살아 있는 신앙의 길잡이가 되도록 하였습니다. 교회에 처음 발걸음을 내딛은 이들에게는 구원의 확신을 심어주고, 자녀들을 믿음으로 양육하는 부모들에게는 신앙교육의 교재로 유익하게 쓰일 수 있습니다. 구원의 개념이 아직 낯설거나 연약한 분들에게 이 책은 명쾌한 답을 주는 책이 될 것이며, 초신자와 신앙 입문

자들에게는 분명한 안내서가 되고, 다음세대의 교리 교육 입문서로도 충분히 역할을 감당할 것입니다.

끝으로, 이 시리즈를 기획하고 동역해 주신 황원하 목사님께 깊은 감사를 드리며, 출판을 위해 애써주신 총교회교육원과 생명의 양식 출판사에도 진심 어린 감사를 드립니다. 하나님께서 이 책을 통해 많은 이들에게 구원의 은혜를 더욱 분명히 깨닫게 하시고, 흔들림 없는 믿음의 길을 걷게 하실 것을 믿으며 이 글을 시작합니다.

2025년 8월

정원기

차례

제1장

구원, 내 인생에 정말 필요한가?

제 1 장

구원,
내 인생에 정말 필요한가?

오늘날 우리는 그 어느 때보다 풍요로운 시대를 살고 있습니다. 원하는 음식을 마음껏 먹고, 갖고 싶은 물건은 인터넷에서 클릭 한번이면 문 앞으로 배송됩니다. 하지만 그렇게 풍요로운 삶 속에서도 사람들은 진정한 행복과 만족을 느끼지 못하고 있습니다. 오히려 스트레스와 불안, 초조함이 우리 일상에 깊이 자리 잡고 있습니다. 사람들은 끊임없이 무엇인가 더 얻으려고 노력하지만, 마음속 깊은 곳에는 여전히 채워지지 않는 허전함이 있습니다. 왜 그럴까요? 이렇게 풍요로운 시대를 살면서도 왜 우리의 마음은 텅 빈 것 같을까요?

혹시 이런 적은 없습니까? 갖고 싶던 스마트폰

을 마침내 손에 넣었는데 며칠 지나지 않아 기쁨이 사라지고 다시 새로운 것을 원하게 되는 경험 말입니다. 넓은 집, 새 차, 남 부러울 것 없는 인기, 좋은 성적, 친구들의 칭찬도 마찬가지입니다. 잠깐은 기쁘지만, 금방 다시 무언가 부족하다는 기분이 듭니다. 그 이유는 바로 우리의 마음 깊은 곳에 존재하는 '영적인 갈급함/갈망' 때문입니다. 돈, 명예, 성공과 같이 눈에 보이는 것들은 우리를 잠시 동안은 기쁘게 해 줄 수 있지만, 우리 마음속의 깊은 갈급함을 근본적으로 해결해 줄 수 없습니다. 영적인 갈급함을 해결해 주는 유일한 방법은 바로 '구원'입니다.

1. 구원이 도대체 무엇이길래 중요한가요?

구원은 쉽게 말해 죄의 문제에서 벗어나 하나님과 관계를 회복하고 영원한 생명을 얻는 것입니다. 그런데 여기서 말하는 '죄'는 단순히 법을 어기는 행위를 뜻하지 않습니다. 성경에서 말하는 죄는 하나님과 관계가 끊어진

상태, 하나님 없이 살아가는 우리의 근본적인 문제를 말합니다. 이 죄의 문제는 마치 흰 옷에 묻어 지워지지 않는 얼룩과 같아서 우리의 힘으로는 절대 지울 수 없습니다.

성경은 이렇게 이야기합니다. “모든 사람이 죄를 범하였으매 하나님의 영광에 이르지 못하더니”(롬 3:23), “그는 허물과 죄로 죽었던 너희를 살리셨도다”(엡 2:1). 즉, 우리는 태어날 때부터 하나님과 분리된 채로 태어나며 살아가게 됩니다. 이러한 상태로는 진정한 행복과 평안을 결코 찾을 수 없습니다.

Q1. 왜 내 힘으로는 죄의 문제를 해결할 수 없나요?

죄는 우리가 착한 행동을 아무리 많이 해도 해결되지 않습니다. 왜냐하면 죄는 겉으로 드러나는 행동의 문제만이 아니라, 우리 마음 깊숙한 곳에 자리 잡고 있는 악성 종양과도 같은 것이기 때문입니다. 이것은 마치 온몸에 독이 퍼져서 자기 힘으로는 치료할 수 없는 병과 같습니다. 그러므로 이 문제는 오직 죄가 없으신 하나님만이 해결해 주실 수 있습니다. 유명한 신학자 조나단 에드워즈는 이렇게 말했습니다. "여러분은 여러분의 구원에 아무것도 기여하지 않았습니다. 오직 그 구원을 필요하게 만든 죄만 빼고요." 구원은 우리의 노력이나 선행으로 얻을 수 있는 것이 아니라, 오직 하나님께서 주시는 완전한 선물입니다(엡 2:8-9).

"구원은 내 힘으로 얻는 것이 아니라, 하나님의 완전한 선물입니다."

2. 구원을 이해하는 세 가지 단계

구원은 과거(칭의), 현재(성화), 그리고 미래(영화)까지 이어지는 세 가지 단계로 이루어져 있습니다.

첫째, 과거의 '칭의'(Justification)입니다.
우리가 예수님을 믿고 시인할 때, 하나님은 예수님 안에서 우리의 죄를 간과하심으로 우리를 죄 없다(의롭다)고 선언하십니다. 이 과정은 마치 우리가 법정에서 유죄 판결을 받아야 할 마땅한 죄인이었지만, 예수님이 대신 죄의 값을 치러 주셨기에 무죄 선언을 받는 것과 같습니다.

둘째, 현재의 '성화'(Sanctification)입니다.

예수님을 믿고 살아가면서 우리는 조금씩 예수님을 닮아갑니다. 이것은 금이 불 속에서 녹으며 깨끗해지는 과정과 같습니다. 성화는 우리의 나쁜 습관과 죄의 흔적이 하나씩 사라지고 하나님께서 원하시는 그리스도의 장성한 분량까지 성장해 가는 과정입니다.

셋째, 미래의 '영화'(Glorification)입니다.

영화는 우리가 예수님을 직접 보게 될 때 우리가 완전히 새로워지는 일입니다. 더 이상 죄나 고통 없이 완벽한 모습으로 하나님과 영원히 연합(함께)하게 됩니다.

Q2. 정말 믿음만으로 구원을 받을 수 있나요?

네, 그렇습니다. 구원은 우리가 착한 일을 해서 얻는 상이 아니라, 오직 예수님을 믿음으로 주어지시는 하나님의 은혜입니다. 성경에서도 분명히 말씀합니다. "너희는 그 은혜에 의하여 믿음으로 말미암아 구원을 받았으니 이것은 너희에게서 난 것이 아니요 하나님의 선물이라"(엡 2:8).

이 모든 과정은 오직 하나님의 작정과 사역으로 이루어지며, 우리는 믿음으로 그 은덕을 받아들이면 됩니다. 종교개혁자들이 외친 "오직 은혜! 오직 믿음으로!"라는 구호는 우리가 결코 우리 자신의 공로나 노력으로 구원을 얻을 수 없다는 진리를 분명하게 보여줍니다. 성경은 이렇게 표현합니다. "또 범죄와 육체의 무할례로 죽었던 너희를 하나님이 그와 함께 살리시고 우리의 모든 죄를 사하시고"(골 2:13).

"구원은 믿음의 손으로 받는 하나님의 위대한 선물입니다."

3. 요즘 사람들이 생각하는 구원의 개념

오늘날 우리는 '구원'이라는 단어를 일상에서 거의 사용하지 않습니다. 솔직히 말해 친구와 이야기할 때, "나 구원받았다!"라는 표현을 쓰는 일은 거의 없습니다. 오히려 영화나 드라마에서 누군가 위험한 상황에서 벗어났을 때, 아주 극적인 표현으로 잠깐 등장할 뿐입니다. 예를 들어 주인공이 절벽에서 떨어지려는 순간, 영웅이 나타나 주인공을 붙잡고 구해내면 우리는 "와, 저 사람 구원받았네!"라고 말할지도 모릅니다. 그런데 성경에서 말하는 구원은 단순히 위험한 상황에서 벗어나는 것보다 훨씬 더 깊은 의미가 있습니다.

사람들은 '구원'을 그저 인생의 위기에서 벗어나는 정도로 생각합니다. 예를 들어 시험에서 좋은 성적을 받거나, 원하는 대학에 합격하거나, 좋은 직장에 취업할 때 우리는 가끔 "나 이제 살았다! 구원받은 기분이야!"라고 말하기도 합니다. 하지만 이런 사건들은 일시적입니다. 한번의 위기를 넘겼다고 해서 삶의 근본적인 문제가 해결되는 것은 아닙니다. 진짜 '구원'은 단순히 한번의 성공이나 위기 극복으로 끝나지 않습니다. 성경에서 말하는 구원은 우리의 삶 전체를 근본적으로 바꾸는 완전히 새로운 삶의 시작입니다.

"진정한 구원은 일시적인 안도가 아니라, 영원한 삶으로의 초대입니다."

Q3. 왜 성경은 구원을 단지 일시적인 위기 극복이 아니라 근본적인 변화로 설명할까요?

성경은 우리가 구원을 받으면 "새로운 피조물"이 된다고 말합니다(고후 5:17). 쉽게 말하면 완전히 새롭게 태어난다는 뜻입니다. 예를 들어, 여러분이 오래된 휴대폰을 사용하다 보면 점점 느려지고, 고장도 잦아지면서 불편함이 많아집니다. 결국 어떻게 하죠? 새로운 휴대폰을 사서 완전히 새롭게 시작합니다. 이전의 느리고 답답한 성능과 고장 난 기능들이 더 이상 문제가 되지 않습니다. 구원도 이와 비슷합니다. 예수님을 믿고 구원을 받으면 우리의 인생은 하나님과 함께하는 새로운 삶을 살아가기 시작합니다.

구원은 단순히 힘들었던 삶에서 벗어나 잠시 쉬는 휴식이 아니라, 하나님과 함께 걸어가는 새로운 여정의 시작입니다. 이전에는 우리 힘으로만 살아가려 했기에 삶이 힘들고 불안했습니다. 하지만 하나님과 함께하는 새로운 삶은 하나님이 우리를 인도해주시고 지켜주시기에 평안하고 행복합니다. 우리가 구원을 받을 때, 우리는 삶에서 처음으로 진정한 안정과 행복, 그리고 참된 자유를 경험하게 됩니다.

"구원은 삶의 리셋 버튼과 같습니다. 하나님과 함께 인생을 다시 시작하는 것입니다."

Q4. 여기서 한 가지 질문이 생길 수 있습니다. "구원을 받으면 내 삶에 어떤 변화가 생기나요?"

구원을 받으면 우리의 삶은 크게 세 가지 측면에서 달라집니다.

첫째, 구원을 받은 사람은 삶의 목표가 바뀌게 됩니다.

이전에는 돈이나 성공, 남들보다 더 뛰어난 사람이 되는 것이 목표였지만, 구원을 받으면 하나님이 원하시는 삶을 살기 위해 노력합니다. 예수님을 닮아가고, 하나님이 기뻐하시는 일을 하며, 이웃을 사랑하고 돕는 삶을 살게 됩니다.

둘째, 구원을 받으면 마음의 평안이 찾아옵니다.

세상이 주는 행복은 오래가지 않습니다. 성공해도 곧바로 더 큰 성공을 원하게 되고, 좋은 물건을 가져도 금방 더 좋은 물건을 원하게 됩니다. 하지만 하나님이 주시는 행복은 변하지 않고 영원합니다. 우리는 하나님의 사랑을 알게 되면서 더 이상 불안과 공허함이 아닌 마음 깊은 곳에서 우러나는 기쁨과 평안을 누리게 됩니다.

셋째, 구원을 받은 사람은 죄의 문제에서 자유로워집니다.

우리는 모두 죄의 문제를 가지고 있습니다. 잘못된 습관, 반복되는 죄악들로 좌절하게 됩니다. 그러나 구원을 받으면 하나님께서 우리를 도와주시고 죄의 문제에서 벗어날 힘을 주십니다. 물론 완벽하게 죄가 사라지는 것은 아니지만, 하나님께서 우리와 함께하시며 지속적으로 우리를 변화시키십니다.

"구원받은 인생은 완벽한 인생이 아니라 하나님과 함께 자라가는 인생입니다."

구원을 받은 사람들의 삶은 비록 완벽하지 않지만, 하나님과 함께하기에 복된 삶입니다. 삶의 어려움과 고난이 여전히 있을 수 있지만, 더 이상 혼자가 아니라 하나님이 우리와 함께하시기에 두려워할 필요가 없습니다.

그렇다면 여기서 한 가지 더 질문이 있을 수 있습니다.

Q5.구원을 꼭 받아야 하나요? 구원을 받지 않으면 어떻게 되나요?

성경은 우리가 하나님과 관계가 끊어진 채로 살아가면 진정한 행복과 삶의 의미를 찾을 수 없다고 분명히 말합니다. 하나님 없이 인생을 살아가면 계속 공허하고, 무엇을 얻어도 만족할 수 없습니다. 구원을 받지 않으면 우리는 결국 영원한 생명을 얻지 못한 채 죄로 인해 하나님과 영원히 단절됩니다. 반대로 구원을 받으면 이 땅에서도 하나님과 동행하는 행복한 삶을 살 수 있고, 영원한 생명을 누리게 됩니다.

여러분, 구원은 선택사항이 아니라 필수사항입니다. 하나님은 지금 여러분을 향해 구원의 손을 내밀고 계십니다. 그 손을 잡는 순간 여러분의 인생은 완전히 새롭게 시작됩니다. 하나님과 함께 걸어가는 그 길에서 진정한 행복과 삶의 의미를 발견하게 될 것입니다.

"구원은 하나님과 영원히 함께하는 행복한 인생을 위한 최고의 초대장입니다."

나눔

1. 여러분은 왜 구원이 필요하다고 생각하나요?

2. 여러분이 생각했던 구원의 개념은 어떤 모습이었나요?

3. 구원을 받고 나면 정말로 삶에 변화가 생길까요? 어떤 변화가 가장 기대되나요?

4. 구원의 세 단계(칭의, 성화, 영화) 중에서 어떤 단계가 가장 흥미롭나요?

5. 구원의 중요성을 아직 잘 모르는 사람에게 어떻게 이야기하면 좋을까요?

마무리 하면서

- 구원은 오직 하나님의 은혜로 주어지는 선물입니다.
- 구원은 죄로부터 완전히 구조되는 하나님께서 주신 생명의 문입니다.
- 구원은 하나님과 함께 걷는 복된 여정의 출발점입니다.

제 2 장

하나님은 처음부터 구원을 계획하셨다

제 2 장

하나님은 처음부터 구원을 계획하셨다

우리는 종종 인생이 어디를 향해 가고 있는지 고민하게 됩니다. 세상은 빠르게 변하고, 우리는 수많은 선택의 기로에 서 있습니다. 하지만 우리 인생이 단순한 우연의 연속이 아니라, 하나님께서 계획하신 위대한 이야기의 일부라면 어떨까요? 성경은 우리가 혼란 속에서 살아가는 존재가 아니라, 하나님의 섭리를 통해 인도받는 존재라고 가르칩니다. 그리고 그 중심에는 '구원'이라는 하나님의 가장 크고 놀라운 계획이 있습니다.

하나님의 구원 계획은 인간의 실수나 상황에 의해 좌우되는 것이 아닙니다. 하나님은 처음부터 우리를 택하셨고, 우리의 구원을 위해 역사 속에서 섭리해 오셨습니다. 성경의 모든 이야기는 결국 이 구원의 흐름 속에서 하나로 연결됩니다. 하나님은 인간이 타락한 순간부터 구원을 계획하신 것이 아니라, 창조 이전부터 구원을 계획하셨으며 이를 이루시기 위해 역사 속에서 구체적으로 일하셨습니다.

그렇다면 하나님께서 어떻게 구원을 계획하시고 이루어 가셨을까요? 성경 전체를 통해 펼쳐지는 구원의 역사를 따라가 보겠습니다.

1. 성경에 나타난 구원 역사의 흐름

하나님의 구원 계획은 마치 웅장하고 멋진 드라마와 같습니다. 처음에는 각 인물의 이야기가 따로 진행되는 듯하지만, 결국 모든 이야기가 하나로 연결되어 멋진 결말로 향하는 드라마를 본 적이 있을 것입니다. 성경의 이야기도 이와 같습니다. 창세기에서 시작하여 요한계시록에 이르기까지 모든 이야기가 하나의 주제로 연결되어 있습니다. 그 중심에 바로 '구원'이 있습니다.

성경의 이야기는 하나님이 이 모든 세상을 창조하시면서 시작됩니다. 하나님은 자신의 피조물인 사람과 언약을 맺으셨는데, 첫 인류인 아담과 하와가 하나님께 불순종하고 죄를 짓게 되었습니다. 하나님은 바로 그때 구원의 계획을 실행하기 시작하셨습니다. '내가 너희를 위해 구원자를 보내겠다.'(창 3:15) 마치 절벽에서 떨어지는 아이를 본 엄마가 즉각적으로 손을 내밀어 붙잡으려는 것처럼, 하나님도 우리가 죄로 인해 떨어지는 순간에 바로 구원의 손을 내미셨습니다. 이것이 성경이 말하는 구원의 출발점입니다.

이후 하나님은 아브라함이라는 사람을 부르시고 그와 특별한 약속(언약)을 맺으셨습니다. 하나님은 아브라함에게 "내가 너로 큰 민족을 이루고… 땅의 모든 족속이 너로 말미암아 복을 얻을 것이라"(창 12:2-3)고 약속하셨습니다. 이것은 마치 부모님이 자녀에게 먼 미래에 엄청난 선물을 미리 약속하는 것과 같습니다. 아직 손에 잡히지는 않아도 확실한 약속이 자녀를 기대하게 하듯이, 하나님은 아브라함을 통해 모든 인류에게 주실 구원을 미리 약속하신 것입니다.

그리고 하나님은 모세라는 사람을 통해 율법과 제사 제도를 주셨습니다. 이것은 마치 어두운 방 안에서 불을 켜는 것과 같습니다. 어두울 때는 방이 깨끗해 보이지만 불을 켜면 먼지와 얼룩이 드러나는 것처럼, 율법은 우리의 죄를 분명하게 보여주고 우리가 얼마나 하나님과 멀어져 있는지 깨닫게 합니다. 제사 제도는 인간이 스스로 죄를 해결할 수 없고, 반드시 하나님께서 명령하신 방법으로만 죄가 용서될 수 있다는 것을 알려주는 제도였습니다.

성경에서는 이를 '행위언약'과 '은혜언약' 두 가지로 구분하여 설명합니다. 행위언약은 하나님이 아담과 맺으신 것으로, 인간이 하나님의 말씀을 지켜야 한다는 조건이 있었습니다. 하지만 인간은 이 언약을 지키지 못했고 실패했습니다. 반면 은혜언약은 인간의 노력이 아니라 하나님의 무조건적인 사랑과 은혜로 이어져갑니다. 이것은 하나님께서 우리에게 아무 조건 없이 주시는 선물과 같은 것입니다.

"구원은 실패한 우리를 향한 하나님의 포기하지 않으시는 사랑 이야기입니다."

2. 예정과 선택이란 무엇일까요?

Q1. 여러분은 혹시 '예정'이나 '선택'이라는 말을 들어본 적이 있나요?

이 단어들은 사실 우리가 평소에 잘 쓰는 단어는 아닙니다. 하지만 우리의 신앙생활에 있어서 매우 중요한 개념입니다. 쉽게 말하자면 '예정'이란 하나님께서 우리를 미리 사랑하고 구원하기로 결정하셨다는 뜻이고, '선택'은 하나님께서 우리를 특별히 뽑으셨다는 뜻입니다. 그런데 이 개념을 처음 들으면 궁금한 질문들이 많이 생길 수 있습니다. "하나님이 정말로 세상이 만들어지기도 전에 이미 나를 알고 택하셨다고요? 정말 그럴까요?" 네, 성경은 분명히 그렇게 말합니다. 에베소서 1장 4절에서 이렇게 말하고 있습니다. "곧 창세 전에 그리스도 안에서 우리를 택하사 우리로 사랑 안에서 그 앞에 거룩하고 흠이 없게 하시려고" 여기서 창세 전이란 세상이 만들어지기 전, 우리가 태어나기도 훨씬 전을 말합니다. 놀랍게도 하나님은 우리가 이 세상에 존재하기 훨씬 전부터 우리를 아셨고, 우리를 사랑하기로 마음먹으셨습니다.

이 개념을 조금 더 쉽게 이해하기 위해 비유를 들어볼까요? 부모가 아직 태어나지 않은 아이를 이미 사랑하고 품기로 결단하는 모습과 비슷합니다. 엄마와 아빠는 아직 태어나지 않은 아이가 어떤 모습일지, 얼마나 착할지, 어떤 성격을 가질지 아무것도 알 수 없습니다. 하지만 부모님은 그 아이가 태어나기도 전에 이미 조건 없이 사랑하기로 마음먹고, 아이가 건강하고 행복한 삶을 살아가도록 준비합니다. 하나님이 우리를 예정하고 선택하신 것도 이와 비슷합니다. 하나님은 우리가 어떤 사람인지, 어떤 선택을 하며 살아갈지 모두 알고 계심에도 불구하고 우리를 무조건으로 사랑하시고 품으시기로 결정하신 것입니다.

"하나님은 네가 태어나기도 전부터 널 사랑하기로 결정하셨단다!"

그런데 여기서 또 한 가지 질문이 생길 수 있습니다.

Q2. 하나님이 이미 구원을 다 예정하셨다면 우리가 굳이 노력하거나 믿을 필요가 있을까요?

이 질문은 매우 중요한 질문입니다. 하나님이 예정하셨다는 말은 우리가 아무것도 하지 않아도 된다는 뜻은 아닙니다. 오히려 하나님께서는 구원 받기로 예정된 사람들이 실제로 구원받을 수 있도록 복음을 듣고 믿을 수 있는 기회를 준비해 놓으셨습니다. 예정은 목적지를 정해놓는 것이라면, 우리가 복음을 듣고 믿는 과정은 그 목적지까지 걸어가는 길과 같습니다. 예를 들어, 가족들이 멋진 여행을 계획했다고 생각해 보세요. 부모님은 이미 멋진 여행지를 정하고 모든 준비를 끝냈습니다. 그렇다면 자녀가 할 일은 무엇일까요? 그렇습니다. 짐을 꾸리고 차에 올라타 여행을 떠나는 것입니다. 여행지가 정해졌다고 해서 집에서 아무것도 안 하면 그곳에 갈 수 없습니다. 꼭 여행을 떠나는 차를 타야 목적지에 도착할 수 있습니다. 구원도 마찬가지입니다. 하나님께서 우리의 목적지를 이미 정해놓으셨고, 우리는 예수님을 믿음으로 그 길을 따라가야 합니다. 그러므로 우리는 복음을 듣고, 믿음으로 구원의 길을 걷게 됩니다.

"구원은 하나님이 미리 정하신 행복한 목적지를 향한 믿음의 여행입니다."

3. 예수님을 중심으로 완성된 구원의 역사

성경 전체를 보면 구원의 중심에는 처음부터 끝까지 예수 그리스도가 있습니다. 모든 이야기가 예수님을 가리키고 있습니다. 특별히 구약 성경에 나오는 수많은 예언들과 제사 제도는 모두 앞으로 오실 예수님을 미리 보여주는 그림자였습니다.

이것을 더 쉽게 이해하려면 영화의 예고편을 떠올려 보세요. 영화 본편이 나오기 전에 미리 보여주는 짧은 영상이 바로 예고편입니다. 예고편은 실제 영화의 중요한 내용을 미리 보여주며 본편에 대한 기대감을 높입니다. 마찬가지로 구약 성경에 나오는 예언과 제사들도 마치 영화의 예고편처럼 예수님께서 오셔서 인간의 죄를 어떻게 해결하실지 미리 알려주는 역할을 했습니다.

그리고 마침내 예수님께서 실제로 이 땅에 오셔서 십자가에서 죽으시고 3일 만에 부활하시고, 승천하심으로 구원을 완성하셨습니다. 예수님이 우리를 대신해서 죽으셨다는 말은 우리가 받아야 할 벌을 대신 받으셨다는 의미입니다. 예를 들어, 우리가 엄청난 빚을 지고 갚을 방법이 없었는데 누군가가 대신 그 빚을 다 갚아주었다고 생각해 봅시다. 예수님의 십자가는 바로 우리가 진 죄의 빚을 완전하게 해결해 주신 사건입니다.

그렇다면 또 하나 질문할 수 있습니다.

Q3. 예수님이 십자가에서 죽으신 것이 정말 나와 직접적인 관련이 있나요? 예수님의 죽음이 나와 무슨 상관인가요?

바로 이 부분에서 '제한적 속죄(Limited Atonement)'라는 말이 나옵니다. 이것은 예수님의 속죄 사역이 모든 사람의 죄를 속하여 구원의 가능성을 열어 주는 것이 아니라, 하나님께서 택하신 자들의 속죄에 제한적으로 영향을 발휘한다는 것을 의미합니다. 예수님의 죽음은 선택받은 모든 사람을 위한 확실한 구원의 통로였습니다.

예수님의 십자가는 하나님의 확실한 약속이

자 영원히 변하지 않는 계약서입니다. 마치 계약서에 확실한 도장을 찍는 것처럼, 예수님의 십자가는 하나님이 직접 서명하신 구원의 계약서와 같습니다. 이 계약서는 절대 파기되지 않고 영원히 유지되는 확실한 하나님의 약속입니다.

이제 예수님이 부활하시고 하늘로 올라가신 후 이 놀라운 소식, 즉 복음은 전 세계로 퍼져 나갔습니다. 수많은 나라와 민족이 이 복음을 듣고 믿음으로 구원을 얻었습니다. 아브라함에게 주신 '모든 민족이 너를 통해 복을 받을 것'이라는 약속은 지금도 계속 이루어지고 있습니다. 바로 오늘 우리가 그 복의 주인공입니다.

"예수님의 십자가는 우리를 위한 하나님의 확실한 구원의 증명서입니다."

나눔

1. 하나님이 여러분을 창세 전부터 선택하셨다는 사실이 어떤 의미로 다가오나요?

2. 하나님이 구원을 예정하셨다면, 우리가 믿고 따르는 것이 왜 중요할까요?

3. 구약의 예언과 제사 제도가 어떻게 예수님과 연결될까요?

4. 예수님의 십자가 사건이 여러분의 삶과 어떤 관련이 있을까요?

5. 불신자에게 하나님의 구원 계획을 짧고 쉽게 설명해 본다면, 어떻게 말할 수 있을까요?

마무리 하면서

- 구원은 하나님이 역사 속에서 차근차근 완성해 가시는 장엄한 사랑의 이야기입니다.
- 구원은 하나님이 이미 정하신 목적지로 우리를 이끄시는 사랑의 여행입니다.
- 예수님의 십자가는 구원의 역사를 완성한 하나님의 확실한 서명입니다.

제 3 장

하나님 앞에서 난 정말 괜찮을까?

제 3 장

하나님 앞에서 난 정말 괜찮을까?

칭의: 하나님이 주신 새 신분

우리는 살아가면서 '나는 정말 괜찮은 사람일까?'라는 질문을 하게 됩니다. 학교나 가정, 친구 관계 속에서 우리는 인정받고 싶어 하거나 무엇이든지 잘해내고 싶어하는 마음이 있습니다. 하지만 때때로 실수하고, 기대에 미치지 못하는 자신을 보며 낙심하기도 합니다. 하나님 앞에서는 어떨까요? 하나님은 완전하시고 거룩하신 분이십니다. 그렇다면 우리는 그분 앞에서 당당할 수 있을까요? 혹시 하나님도 우리가 부족해서 실망하시는 건 아닐까요?

성경은 인간이 죄로 인해 하나님과 단절되었으며, 스스로 의롭다고 주장할 수 없는 존재라고 말합니다. 하지만 하나님은 우리를 외면하지 않으셨습니다. 우리를 위해 예수님을 보내셔서 우리의 죗값을 대신 치르시고, 우리를 의롭다고 선언하셨습니다. 이 과정을 '칭의'라고 합니다. 칭의는 우리가 하나님 앞에서 새 신분을 얻는 놀라운 사건입니다.
이제 우리는 칭의가 무엇인지, 왜 필요한지, 그리고 어떻게 하나님의 은혜로 의롭게 될 수 있는지 살펴보려 합니다.

1. 칭의란 무엇일까요?

여러분, '칭의'라는 단어를 들어본 적이 있나요? 아마 조금 생소할 수 있습니다. 칭의(稱義)라는 말은 간단히 말하면, 죄인이 법적으로 무죄 선언을 받는 것을 말합니다. 쉽게 말해, 잘못을 저지른 사람이 법정에서 재판관으로부터 "너는 무죄야!"라는 판결을 받는 것을 의미합니다. 이 말을 듣고 이런 생각이 들 수 있습니다.

Q1. 정말 죄가 있는데 어떻게 무죄가 될 수 있죠?

맞습니다. 여기서 중요한 것은 우리가 실제로 죄가 없어서 무죄 선언을 받는 것이 아니라, 다른 누군가가 우리의 죗값을 대신 지불했기 때문에 무죄로 인정받는 것입니다. 기독교에서는 바로 예수님께서 우리의 죄를 대신 짊어지시고 십자가에서 죽으심으로써, 우리의 죗값을 완전히 해결하셨다고 설명합니다.

마틴 루터라는 유명한 신학자는 이 칭의라는 교리를 "교회가 서고 넘어지는 중요한 핵심"이라고 말했습니다. 또 다른 신학자인 루이스 벌코프는 "칭의는 하나님께서 예수님의 완벽한 의로움(깨끗함과 선함)을 우리에게 덮어주셔서, 죄인을 법적으로 의롭다고 선언하시는 것"이라고 했습니다.

이 내용을 더 쉽게 이해하기 위해 비유를 들어볼까요? 여러분이 엄청난 빚 때문에 감옥에 갇혔다고 상상해 보세요. 여러분은 이 빚을 절대 스스로 갚을 수 없습니다. 그런데 어느 날 굉장히 부유한 사람이 나타나서 여러분의 빚을 모두 대신 갚아줍니다. 이 순간 여러분의 빚은 완전히 사라지고, 이제 감옥에서 나갈 수 있게 됩니다. 이처럼 우리도 죄라는 커다란 빚을 스스로 해결할 수 없지만, 예수님께서 그 빚을 십자가에서 모두 갚아주셨습니다. 그래서 하나님은 우리를 무죄라고 선언하시고, 이제 자유롭게 하나님께 나아갈 수 있게 해주신 것입니다.

다른 예를 한 가지 더 들어보겠습니다. 여러분이 왕이 주최한 큰 파티에 초대받았다고 생각해 보세요. 그런데 여러분은 더럽고 냄새나는 옷을 입고 있습니다. 이 옷으로는 왕의 파티에 들어갈 수 없습니다. 하지만 왕은 여러분을 내쫓지 않고, 자신의 깨끗하고 아름다운 옷을 벗어 여러분에게 입혀줍니다. 이 옷 덕분에 여러분은 당당하게 파티에 참석할 수 있습니다. 칭의도 이와 같습니다. 우리는 죄로 인해 하나님 앞에 설 자격이 없지만 완전한 의와 거룩함이신 예수님으로 옷 입음으로 하나님 앞에 당당히 나가 설 수 있는 것입니다.

"칭의는 내 죄의 빚을 대신 갚으신 예수님으로 옷 입혀주신 하나님의 사랑입니다"

2. 오직 믿음으로만 의롭게 된다

성경은 우리가 오직 믿음으로만 의롭게 된다고 분명히 말합니다. 로마서 3장 28절에서 사도 바울은 이렇게 말했습니다.

"사람이 의롭게 되는 것은 율법의 행위(착한 행동이나 노력)로 되는 것이 아니라 오직 믿음으로 된다."

이 말은 우리의 구원이 우리의 노력이나 착한 행동에 달려 있지 않고, 오직 예수님을 믿는 믿음 하나로 하나님 앞에서 의롭게 인정받는다는 뜻입니다. 즉, 우리가 아무리 착한 일을 많이 한다고 해도 그것이 우리를 구원하는 조건이 되지는 않는다는 의미입니다.

Q2. 정말 믿기만 하면 구원받을 수 있나요? 착하게 사는 건 중요하지 않나요?

네, 믿기만 하면 구원을 받을 수 있습니다. 하지만 이것을 잘못 오해해서는 안 됩니다. 착하게 살지 않아도 된다는 말이 아니라, 착한 행동이 우리를 구원하는 조건이 아니라는 뜻입니다. 왜냐하면 우리의 죄는 너무 크고 깊어서, 아무리 착한 행동을 많이 해도 절대로 죄를 해결할 수 없기 때문입니다. 우리의 죄의 삯을 십자가에서 대신 지불하신 예수님을 믿는 것이 우리가 구원을 받을 수 있는 유일한 방법입니다.

그러나 착하게 사는 것은 분명 중요합니다. 진짜 믿음은 절대로 혼자 있지 않기 때문입니다. 참된 믿음은 언제나 착한 행동(선한 행위)을 동반합니다. 믿음이 진짜 살아있다면, 삶 속에서 선하고 아름다운 행동을 하게 됩니다.

"착하게 살아서 구원받는 것이 아니라, 구원받았기에 착한 삶을 살아가게 됩니다."

Q3. 그렇다면 구원받았다고 하면서 착하게 살지 않는 사람은 어떻게 되는 건가요?

아주 좋은 질문입니다. 성경은 믿음과 행동을 나무와 열매에 비유합니다. 나무가 살아 있다면 반드시 열매를 맺습니다. 반대로 열매를 맺지 못한다면 그 나무는 죽었거나 병든 나무입니다. 믿음도 마찬가지입니다. 진짜 살아 있는 믿음이라면 반드시 좋은 행동과 사랑의 열매를 맺게 됩니다. 만약 어떤 사람이 "나는 구원받았어!"라고 말하지만, 계속해서 악한 행동을 하며 죄 가운데서 살아간다면, 그 사람의 믿음은 살아있는 믿음이 아닐 수 있습니다. 믿음이 있다고 말하지만, 행동이 따르지 않는 믿음은 가짜일 수 있기 때문입니다.

"믿음이 살아있는지 죽었는지는 삶의 모습이 말해줍니다. 믿음은 언제나 행동으로 증명됩니다."

여러분이 나무를 심었다고 생각해 보세요. 나무가 살아 있다면 반드시 열매가 나타날 것입니다. 마찬가지로 믿음이라는 씨앗이 우리 마음에 심겨졌다면, 우리의 삶 속에서도 반드시 열매가 나타날 것입니다. 사랑하고, 용서하고, 이웃을 돕는 행동들이 바로 그런 열매입니다. 하지만 기억하세요! 착한 행동이 우리의 구원을 만드는 것이 아니라, 착한 행동은 우리가 이미 구원을 받았다는 것을 증명하는 증거라는 것입니다.

"믿음은 마음속에서 자라는 씨앗이고, 착한 행동은 그 믿음이 살아있다는 증거입니다."

3. 칭의와 하나님의 영광

칭의를 깊이 이해할 때 우리는 구원이 전적으로 하나님의 은혜와 능력으로만 가능하다는 사실을 깨닫습니다. 하나님은 우리 죄를 용서하실 뿐 아니라, 예수님의 의를 우리에게 입혀주심으로써 공의와 사랑을 동시에 드러내셨습니다. 로마서 3장 26절에서 하나님은 "의로우시며 또한 예수 믿는 자를 의롭다"

하시는 분입니다. 즉, 하나님은 죄를 심판하시되 동시에 그 죄인을 사랑으로 용서하시고 구원하십니다.

개혁주의 신학자 조나단 에드워즈는 하나님이 인간을 구원하시는 목적이 결국 하나님의 영광을 나타내기 위함이라고 강조했습니다. 우리 구원은 우리 공로가 아니라 하나님의 전적인 은혜로 주어진 것입니다. 그러므로 우리 삶은 자연스럽게 하나님께 감사와 찬양으로 가득 차야 합니다.

Q4. 그렇다면 구체적으로 "칭의가 하나님께 영광을 돌린다"는 말은 무슨 의미인가요?

칭의라는 것은 하나님께서 우리를 죄가 없다고 인정해 주시는 것입니다. 우리가 죄를 용서받고 구원을 얻을 수 있었던 이유는 오직 하나님의 사랑과 은혜 때문입니다. 하나님께서 우리의 죄를 공정하게 심판하시면서도 동시에 예수님을 통해 우리를 용서하시고 구원하셨습니다. 이것이 바로 로마서 3장 26절에서 말하는 "하나님은 의로우시며 동시에 죄인을 의롭다 하시는 분"이라는 뜻입니다.

쉽게 비유하면, 여러분이 너무 큰 빚을 져서 스스로는 절대 갚을 수 없는데, 누군가 여러분의 빚을 모두 대신 갚아주었다고 생각해 보세요. 그때 여러분은 그 사람에게 어떻게 반응하겠나요? 당연히 너무 고마워서 감사하고 그 은혜를 평생 잊지 않을 것입니다. 구원을 받은 우리도 마찬가지입니다. 우리 구원은 우리 노력이 아니라 하나님께서 이루신 것입니다. 그래서 우리는 자신을 자랑하지 않고, 하나님께만 감사와 영광을 돌리며 살아야 합니다.

다른 말로 하자면, 누군가 큰 상을 받았을 때 자신 스스로를 자랑하는 것이 아니라 자신을 도와준 모든 사람에게 감사의 마음을 돌리는 것과 같습니다. 우리는 구원을 받을 때 자신을 높일 것이 아니라, 모든 것을 이루신 하나님께 진심으로 감사를 표현해야 합니다. 이렇게 우리의 삶은 구원받은 자로서 하나님께 영광을 돌리는 삶이 되어야 합니다.

“구원은 하나님이 주신 최고의 선물이며, 우리 삶은 그 선물에 대한 감사의 표현이 되어야 합니다.”

Q5. 그러면 왜 우리의 행동이나 노력이 아니라 오직 믿음만으로 구원받게 하셨을까요?

그 이유는 우리 구원이 오직 하나님의 은혜로만 이루어진다는 것을 분명히 보여주시기 위해서입니다. 만약 우리의 착한 행동이나 노력으로 구원을 받을 수 있다면, 우리는 우리 자신을 자랑하게 될 것입니다. 하지만 하나님은 우리가 아무것도 자랑하지 못하게 하시고, 오직 하나님만이 영광을 받으시도록 믿음이라는 방법을 택하셨습니다. 즉, 구원은 하나님이 주신 전적인 선물이며, 우리 삶은 그 은혜에 대한 감사의 표현이 되어야 합니다.

“칭의는 우리가 아닌 하나님이 이루신 구원이기에, 모든 영광은 하나님께 돌려야 합니다.”

Q6. 그렇다면 우리가 매일매일 어떻게 살아야 하나님께 영광을 돌릴 수 있을까요?

하나님께 영광을 돌리는 삶이란 아주 거창한 것이 아니라, 작은 일상에서도 하나님께 감사하고 하나님을 기뻐하는 삶을 살아가는 것입니다. 우리가 친구들에게 친절하게 대하고, 어려움에 처한 친구를 돕고, 부모님을 존경하고, 정직하고 성실하게 살아가는 모습이 바로 하나님께 영광을 돌리는 삶입니다. 이런 삶이 바로 우리가 받은 구원이라는 선물에 대한 최고의 감사 표현입니다.

"구원받은 사람답게, 작은 행동 하나하나에도 하나님을 생각하고 사랑하며 살아가는 것이 바로 하나님께 영광을 돌리는 삶입니다."

나눔

1. 하나님 앞에서 의롭게 된다는 것이 왜 중요한가요?

2. 믿음만으로 구원받는다는 것이 무슨 의미인가요?

3. 진짜 믿음을 가진 사람의 삶에는 어떤 변화가 있을까요?

4. 예수님의 의를 덧입었다는 것이 여러분에게 어떤 의미인가요?

5. 우리가 하나님께 영광을 돌리는 삶을 살려면 어떻게 해야 할까요?

마무리 하면서

- 칭의는 예수님이 우리의 죗값을 대신 지불하고 완전한 의로 덮어주신 사랑의 선언입니다.
- 믿음은 구원의 통로이며, 행함은 믿음이 살아있다는 증거입니다.
- 구원은 하나님의 전적인 은혜이며, 우리의 삶은 그분께 드리는 감사의 표현이어야 합니다.

제 4 장

구원받은 후, 어떻게 살아야 할까?

제 4 장

구원받은 후, 어떻게 살아야 할까?

성화: 예수님 닮아가기

우리는 예수님을 믿고 구원을 받으면 끝이라고 생각할 때가 있습니다. 하지만 성경은 구원이 시작일 뿐이며, 이후에 계속해서 변화되어 가는 과정이 필요하다고 말합니다. 예수님을 믿는 순간 우리는 하나님의 자녀가 되지만, 예수님의 삶과 성품을 닮아가는 과정은 시간이 걸리는 여정입니다. 이 과정이 바로 '성화'입니다.

성화는 단순히 더 나은 사람이 되는 것이 아니라, 하나님께서 원래 계획하신 우리의 모습으로 변화되는 것입니다. 마치 조각가가 거친 돌을 다듬어 아름다운 작품을 만드는 것처럼, 하나님께서 우리를 빚으시고 가꾸어 가십니다. 때로는 힘들고, 고통스럽고, 천천히 이루어지는 것처럼 보이지만, 하나님은 결코 우리를 포기하지 않으십니다.
그렇다면 성화는 어떤 과정일까요? 우리는 어떻게 하면 예수님을 닮아갈 수 있을까요? 성경이 가르치는 성화의 의미와 방법을 함께 살펴보겠습니다.

1. 성화란 무엇일까요?

성화(Sanctification)는 우리가 그리스도인으로 살아가는 동안 지속적으로 이루어지는 영적인 성장과 변화의 여정입니다. 칭의가 법정에서 죄인을 무죄로 선언하는 단 한번의 사건이라면, 성화는 그 선언 이후 성령님께서 우리 안에 거하시며 우리의 삶과 성품이 예수님을 닮도록 조금씩 바꾸어 가는 과정입니다. 이는 마치 어린아이가 태어난 후 성장하고 성숙하는 것과 같습니다. 갓난아이는 처음부터 성인이 되지 않고, 걸음마를 배우고, 말을 하고, 학교를 다니면서 점점 성숙한 어른이 됩니다. 마찬가지로 성화는 우리의 영적 성장이 단계적으로 이루어지는 긴 과정이며, 날마다의 삶 속에서 조금씩 예수님을 더 닮아가는 여정입니다.

성화의 핵심은 우리의 힘과 노력만으로 이루어지는 것이 아니라, 우리 안에 거하시는 성령님의 능력과 도우심으로 이루어집니다. 빌립보서 2장 12-13절은 "두렵고 떨림으로 너희 구원을 이루라"고 권면하지만, 동시에 "너희 안에서 행하시는 이는 하나님이시니"라고 강조합니다. 즉, 성화는 우리의 헌신과 노력, 그리고 하나님의 초자연적인 능력이 함께 작용하여 이루어지는 신비로운 과정입니다.

성화는 마치 숙련된 조각가가 돌덩이를 다듬어 아름다운 조각상을 완성하는 과정과 같습니다. 처음에는 거친 돌덩이일 뿐이지만, 조각가는 인내심을 가지고 끌과 망치로 조금씩 다듬어가며 섬세하고 아름다운 작품을 만들어 냅니다. 하나님께서도 성령을 통해 우리의 삶에서 거친 부분과 죄악된 성향, 잘못된 습관들을 다듬고 제거하시며, 예수 그리스도의 거룩한 성품을 점점 더 뚜렷하게 나타나게 하십니다.

성화의 여정은 순간의 변화가 아니라 평생에 걸친 점진적인 변화의 과정입니다. 때로는 우리가 원하는 만큼 빨리 변화하지 않을 수도 있습니다. 그러나 하나님은 결코 우리를 포기하지 않으시고, 계속해서 우리를 빚으시며 성장하게 하십니다.

Q1. 예수님을 믿으면 왜 계속해서 변화해야 하나요?

예수님을 믿어도 죄의 유혹은 여전히 우리에게 다가옵니다. 성화의 과정을 통해 우리는 하나님과 점점 더 가까워지고, 죄와 멀어지면서 진정한 자유와 기쁨을 누리게 됩니다. 하나님은 숙련된 장인이십니다. 그는 우리 안의 나쁜 습관과 못된 마음을 다듬어 주시고, 결국 예수님과 같은 아름다운 모습으로 변화시켜 주십니다.

"성화는 하나님이 나를 멋지게 디자인하는 평생의 프로젝트입니다!"

2. 성화는 죄와 끝없는 싸움입니다.

성화의 과정은 단순히 기다리는 수동적인 과정이 아니라 적극적으로 죄와 싸우는 영적인 전투입니다. 우리가 구원을 받았어도 여전히 우리 안에는 죄된 본성과 육신의 욕망이 남아있기 때문입니다. 갈라디아서 5장 17절은 성령과 육체가 서로 싸우고 있다고 말합니다. 이 싸움은 마치 우리 내면에 두 마리의 늑대가 싸우고 있는 것과 같습니다. 한 마리는 육체의 욕심과 죄악을 상징하며, 다른 한 마리는 성령께서 주시는 거룩함과 순결함입니다. 우리는 성령의 늑대에게 더 많은 양식을 공급해야 합니다. 즉, 하나님의 말씀과 기도, 예배, 교제를 통해 성령의 소욕이 우리 안에서 강해지도록 해야 합니다.

개혁주의 신학자 존 오웬은 "죄를 죽이라, 그렇지 않으면 죄가 너를 죽일 것이다."라고 경고했습니다. 죄는 마치 정원의 잡초와 같습니다. 잡초를 방치하면 아름다운 꽃과 식물을 모두 덮어버리고 정원을 망쳐버립니다. 마찬가지로 죄를 방치하면 우리 삶 전체가 망가지고, 영적으로 큰 피해를 입게 됩니다.

Q2. 죄와 싸우는 구체적인 방법은 무엇인가요?

매일 하나님 말씀을 읽고 기도하면서 성령님과 친밀한 관계를 유지하면, 죄의 힘은 점점 약해지고 우리의 마음은 점점 더 예수님을 닮아갑니다. 또한 믿음의 친구들과 함께 신앙생활을 나누고, 교회 공동체와 함께 기도하고 예배하면 죄를 이기는 힘이 더욱 강해집니다.

"죄와 싸울 때 가장 강력한 무기는 매일 하나님과 만나는 것입니다!"

3. 성화의 과정과 성령의 역할

성화는 우리의 힘으로는 절대 이루어낼 수 없습니다. 그래서 성령님이 우리 삶에 꼭 필요합니다. 우리는 성령의 도우심을 받아 죄를 발견할 때마다 즉시 뽑아내고 제거해야 합니다. 성령은 우리로 죄를 깨닫게 하시고(요 16:8), 죄를 이길 힘을 주시며(갈 5:16), 마침내 성령의 열매를 맺게 하십니다(갈 5:22-23). 성경에서는 이 과정을 "성령 안에서 행하는 삶"이라고 표현합니다. 성령님은 우리의 죄를 깨닫게 하시고, 가르치시고, 위로하시며 힘을 주시는 역할을 감당하십니다. 성령님은 우리의 잘못된 생각과 행동을 알려주시고, 그것을 고치도록 도와주십니다. 성령님의 도우심이 없다면 우리는 늘 죄에 빠지고, 변화하지 못할 것입니다.

Q3. 성령님과 친밀한 관계는 어떻게 맺을 수 있나요?

매일 기도하는 습관을 갖고, 성경을 꾸준히 읽으며, 하나님께 질문하고 그 답을 구하는 과정을 통해 성령님과 관계는 더욱 깊어집니다. 교회에서 예배 참여나, 신앙 공동체의 친구들과 교제를 통해서도 성령님과 더 가까워질 수 있습니다.

4. 성화의 열매와 확신

성화의 여정을 걷는 성도들은 삶에서 성령의 열매를 맺게 됩니다. 갈라디아서 5장 22-23절에서는 사랑, 희락, 화평, 오래 참음, 자비, 양선, 충성, 온유, 절제 등의 열매를 소개합니다. 이 열매들은 건강한 나무가 자연스럽게 열매를 맺는 것과 같습니다. 나무가 건강하면 열매가 풍성히 맺히듯, 성령님께서 우리 안에 역사하시면 자연스럽게 이러한 성품의 열매들이 우리 삶에 나타납니다.

물론 성화의 과정은 쉽지 않고 때로는 고통스럽기도 합니다. 때로는 우리의 영적 성장이 느리게 느껴져 낙심하기도 합니다. 그러나 중요한 것은 우리가 바라보는 방향입니다. 마치 등산객이 정상에 오르기 위해 계속해서 산을 향해 나아가듯이, 때때로 넘어지더라도 우리는 하나님을 향해 나아가는 방향을 잃지 않아야 합니다. 하나님께서는 우리의 실패와 실수조차도 용납하시고 포용하셔서 성화의 도구로 사용하시기도 하며, 우리를 더 성숙하고 견고하게 만드십니다.

Q4. 성화 과정에서 느린 변화로 힘들 때는 어떻게 해야 하나요?

성화가 느려 보일 때에도 하나님을 신뢰하십시오. 하나님은 천천히, 그러나 확실하게 우리를 성장시키고 계십니다. 중요한 것은 우리의 변화 속도가 아니라 변화의 방향입니다. 하나님은 우리의 작은 성장조차도 기뻐하십니다.

"느리더라도 꾸준히 하나님과 함께 걸으면 반드시 아름다운 열매를 맺습니다."

나눔

1. 성화는 왜 구원받은 후에도 계속되어야 할까요?

2. 죄와 싸우기 위해 우리는 어떤 노력을 해야 할까요?

3. 성령님은 우리의 성화 과정에서 어떤 역할을 하실까요?

4. 내 삶에서 성령의 열매가 나타난 경험이 있나요?

5. 성화 과정에서 어려움이 있을 때 어떻게 극복할 수 있을까요?

마무리 하면서

- 성화는 하나님께서 우리를 그리스도의 모습으로 빚어가시는 평생의 과정입니다.
- 죄와의 싸움은 매일 계속되는 영적 전투이며, 성령님의 힘으로만 승리할 수 있습니다.
- 성화는 속도가 아니라 방향이 중요하며, 하나님을 향해 가는 삶이 성화의 여정입니다.

제 5 장

끝까지 믿음을 지킬 수 있을까?

제 5 장

끝까지 믿음을 지킬 수 있을까?

성도의 견인: 하나님의 보호하심

우리는 살아가면서 '끝까지 믿음을 지키는 것이 가능할까?'라는 질문을 하게 됩니다. 예수님을 믿고 구원을 받았지만, 때로는 유혹과 시험, 실패와 좌절 속에서 우리의 확신이 흔들릴 때가 있습니다. 하지만 성경은 하나님께서 구원을 시작하셨다면 반드시 끝까지 이루신다고 약속합니다. 우리의 구원은 일시적인 경험이 아니라, 하나님께서 끝까지 책임지시고 완성하시는 계획입니다.

이 장에서는 '영화'(Glorification)와 '성도의 견인'(Perseverance of the Saints)이라는 개념을 통해 하나님께서 우리의 믿음을 어떻게 끝까지 지키시며, 우리가 어떤 소망을 가지고 살아가야 하는지 살펴보겠습니다.

1. 영화의 소망
: 완벽한 미래가 기다리고 있습니다!

영화(Glorification)는 하나님께서 구원의 완성된 모습을 우리에게 주시는 것을 뜻합니다. 지금은 우리가 예수님을 믿어도 여전히 죄를 짓기도 하고, 몸이 아프거나 마음이 힘들기도 합니다. 그러나 우리가 예수님을 직접 보게 되는 날, 하나님은 우리를 완전하게 변화시키셔서 그의 영광에 온전히 참여할 수 있게 해 주실 것입니다.

로마서 8장 30절을 보면, "또 미리 정하신 그들을 또한 부르시고 부르신 그들을 또한 의롭다 하시고 의롭다 하신 그들을 또한 영화롭게 하셨느니라" 말씀하십니다. 하나님은 우리를 이미 영화롭게 하셨다고 말씀하십니다. 이 말은 하나님의 약속이 반드시 이루어진다는 확정적 선언입니다.

여러분이 스마트폰을 업데이트했을 때 모든 오류가 사라지고 기능이 더 좋아지는 것처럼, 하나님은 우리 몸과 영혼을 새롭게 하셔서 모든 죄와 슬픔과 고통을 없애주십니다. 더 이상 눈물이나 죽음이 없을 것입니다(계 21:4).

Q1. 천국에서는 정말 아픔이나 슬픔이 전혀 없나요?

네, 성경은 천국에는 고통이나 슬픔이 전혀 없다고 분명하게 말씀하고 있습니다. 우리가 이 땅에서 경험하는 모든 고통과 슬픔, 질병과 죽음은 죄 때문에 생긴 것입니다. 그러나 천국에는 죄가 없기 때문에 죄로 인해 생긴 모든 나쁜 것들도 없습니다. 더 이상 아프거나 슬퍼하거나 상처받지 않고, 하나님의 완전한 사랑과 기쁨 속에서 살아가게 됩니다. 이것은 단순히 육체의 고통이 없는 상태만이 아니라 마음의 상처, 걱정, 두려움까지 완전히 사라져 평안한 상태입니다. 이런 완전한 삶이 영원히 지속될 것이기 때문에, 이것이 우리가 천국을 기대하고 소망하는 가장 큰 이유 중 하나입니다.

Q2. 영화의 단계가 우리의 삶에 왜 중요할까요?

영화는 우리가 현재의 고난과 어려움 속에서도 희망을 잃지 않고 계속 하나님을 신뢰하며 살아갈 수 있게 하는 강력한 힘입니다. 우리가 살아가면서 마주하는 다양한 문제와 아픔 속에서도 하나님이 약속하신 영화의 순간을 바라볼 때, 지금의 어려움이 영원하지 않다는 것을 알게 됩니다. 영화는 하나님이 준비하신 최고의 결말이며, 이 결말을 바라보면 현재의 어려움을 견딜 힘이 생깁니다. 즉, 영화는 삶의 방향과 목적을 명확히 해줄 뿐 아니라 어려운 순간에도 믿음과 용기로 살아갈 수 있는 근본적인 이유가 됩니다.

"영화는 하나님이 준비하신 최고의 완성입니다!"

2. 성도의 견인
: 하나님의 포기하지 않는 사랑입니다!

성도의 견인은 하나님께서 구원하시기로 작

정한 성도를 절대 포기하지 않으시기에, 성도가 이 땅에서 하나님에 대한 믿음을 끝까지 지키며 견딜 수 있게 해주신다는 의미입니다. 우리가 넘어지고 실수할지라도 하나님은 우리를 계속 붙들고 계십니다.

예수님은 '아버지께서 내게 주신 사람은 하나라도 잃어버리지 않겠다'(요 6:39)고 확실히 말씀하셨습니다. 이 약속은 우리 구원이 우리 노력이나 능력에 달린 것이 아니라 하나님의 능력과 신실하심에 달려 있다는 것을 의미합니다.

하나님의 사랑은 어린아이가 자주 넘어져도 포기하지 않고 다시 일으켜주는 부모의 사랑과 같습니다. 아이가 아무리 넘어져도 부모님은 포기하지 않고 계속해서 일으켜주고 용기를 북돋아 주는 것처럼, 하나님께서도 우리가 실수하고 넘어질 때마다 손을 내밀어 다시 일으켜주시고, 믿음으로 이 세상을 살아갈 수 있도록 독려하십니다.

Q3. 하나님이 우리를 끝까지 지켜주신다면, 죄를 지어도 괜찮은 건가요?

절대 그렇지 않습니다. 하나님께서 우리를 끝까지 붙들어 주시는 이유는 우리가 죄에서 벗어나 더 성숙한 그리스도인으로 자라도록 하시기 위해서입니다. 만약 우리가 하나님의 사랑과 용서를 진정으로 깨달았다면, 그 사랑에 감사하며 죄에서 멀어지려고 노력할 것입니다. 죄는 하나님과 우리 사이의 관계를 방해하고, 우리 삶을 불행하게 만드는 원인입니다. 그러므로 성도의 견인은 죄를 자유롭게 지어도 된다는 의미가 아니라, 오히려 죄와 싸워 이길 수 있는 힘을 하나님이 주신다는 뜻입니다.

Q4. 내가 계속 실수하고 넘어져도 하나님은 나를 정말 포기하지 않으시나요?

네, 하나님은 결코 우리를 포기하지 않으십니다. 빌립보서 1장 6절을 보면 “너희 안에서 착한 일을 시작하신 이가 그리스도 예수의 날까지 이루실 줄을 우리는 확신하노라” 말씀합니다. 하나님은 자신이 시작하신 일을 반드시 완성하실 것이라고 약속하셨습니다. 하나님은 우리의 작은 실수와 실패조차 사용하셔서 우리를 더 성장하게 하시고, 더 강한 믿음을 갖게 하십니다. 우리가 넘어질 때마다 하나님은 더 큰 사랑과 자비로 우리를 받아주시며, 끝까지 우리를 돌보십니다.

"하나님의 사랑은 절대 포기하지 않는 사랑입니다!"

3. 완전한 회복과 새 창조
: 모든 것이 아름답게 바뀝니다!

하나님의 구원은 단지 우리 개인의 영혼만을 위한 것이 아니라, 온 세상과 자연을 포함한 모든 피조물을 새롭게 하는 우주적인 회복입니다. 지금 이 땅은 많은 문제와 아픔, 전쟁과 환경오염으로 힘들어하고 있지만, 하나님은 이 세상을 완전하게 하실 것을 약속하셨습니다.

로마서 8장 21절은 이 땅의 모든 피조물도 썩고 무너지는 것으로부터 해방되어 하나님의 자녀들과 함께 영광을 누릴 것이라고 말합니다. 마치 오래된 집을 완전히 새롭게 리모델링하여 아름다운 집으로 만드는 것처럼, 하나님은 이 세상을 완벽히 회복하실 것입니다.

Q5. 세상이 결국 완전히 새로워질 텐데 지금 이 세상을 소중히 해야 할 이유가 있나요?

네, 우리가 지금 이 땅을 소중히 돌보는 것은 하나님께서 주신 귀한 선물을 책임 있게 다루고 있다는 증거입니다. 또 하나님이 창조하신 이 세계를 사랑하는 마음으로 관리하는 것은 우리의 신앙과 사랑을 실천하는 중요한 방법입니다. 하나님은 우리가 이 땅을 잘 돌보는 모습을 보시고 기뻐하십니다.

"새 하늘과 새 땅을 기대하며, 이 땅이 거룩한 하나님의 나라가 되기를 소망합니다."

나눔

1. 영화란 무엇이며, 우리가 기대할 최종 구원은 어떤 것인가요?

2. 하나님께서 우리의 구원을 끝까지 지키신다는 약속은 어떤 의미가 있나요?

3. 성도의 견인을 통해 믿음이 흔들릴 때 우리는 어떻게 다시 하나님을 신뢰할 수 있을까요?

4. 새 하늘과 새 땅의 약속이 우리의 삶과 가치관에 어떤 영향을 미치나요?

마무리 하면서

- 영화는 하나님이 예비하신 구원의 최종 완성입니다.
- 성도의 견인은 하나님께서 끝까지 우리의 믿음을 지키신다는 약속입니다.
- 믿음이 흔들릴 때에도 하나님은 우리를 붙잡고 계시며, 끝까지 우리를 인도하십니다.

제 6 장

구원받은 사람의 삶은 다르다!

제 6 장

구원받은 사람의 삶은 다르다!

구원의 확신과 열매

여러분은 한번쯤 “내가 정말로 구원받았을까?” 라는 질문을 해본 적이 있나요? 많은 그리스도인이 신앙생활을 하다가 이러한 고민을 하곤 합니다. 이 질문에 대한 분명한 답을 갖는 것이 바로 ‘구원의 확신’입니다. 구원의 확신이란 하나님께서 나를 사랑하시고, 내가 하나님의 자녀이며 천국에 갈 수 있다는 믿음입니다.

하지만 이 확신은 단순한 감정이 아니라, 하나님의 말씀과 약속에 대한 믿음에서 나옵니다. 우리가 하나님의 약속을 신뢰하면 어떤 상황에서도 흔들리지 않는 평안을 누릴 수 있습니다. 또한, 구원의 확신을 가진 사람은 삶이 달라집니다. 성령님께서 우리 안에서 역사하시며, 변화된 삶의 열매를 맺게 하십니다.

이 장에서는 구원의 확신이 왜 중요한지, 그것을 어떻게 가질 수 있는지, 그리고 구원을 받은 사람의 삶이 어떻게 달라지는지를 살펴보겠습니다.

1. 구원의 확신을 누리기

구원의 확신은 우리의 감정이나 행동의 완벽함에 의존하지 않습니다. 우리의 구원은 전적으로 하나님께서 약속하시고 이루신 일에 근거합니다. 예수님은 요한복음 5장 24절에서 "내 말을 듣고 또 나 보내신 이를 믿는 자는 영생을 얻었고 심판에 이르지 아니하나니 사망에서 생명으로 옮겼느니라"고 명확히 말씀하셨습니다. 이 말씀은 우리의 구원이 이미 완성된 약속이며, 우리가 예수님을 믿을 때 하나님께서 우리를 끝까지 지켜주신다는 뜻입니다.

구원의 확신은 마치 비행기 티켓과 같습니다. 비행기 표를 이미 갖고 있다면 목적지에 반드시 도착할 것이라는 확신을 가질 수 있듯이, 예수님을 믿는 믿음이 있다면 우리는 천국에 반드시 갈 것이라는 확신을 가질 수 있습니다.

Q1. 구원의 확신이 없으면 어떻게 되나요?

구원의 확신이 없으면 신앙생활이 매우 불안정해질 수 있습니다. 우리가 정말 천국에 갈 수 있는지 계속 의심하게 되며, 이로 인해 하나님과 맺은 관계가 깊어지기 어렵습니다. 또한 신앙의 기쁨과 평안을 누리며 살기보다는 걱정과 두려움으로 휩싸여 살아가게 됩니다. 반면에 구원의 확신이 분명하면 어려운 상황에서도 평안과 용기를 잃지 않고, 신앙이 더욱 견고하고 성장하게 됩니다. 확신이 있는 사람은 하나님께 더 가까이 다가갈 수 있고, 믿음이 더욱 풍성해집니다.

"구원의 확신은 하나님과 나를 연결하는 가장 강력한 다리입니다!"

2. 은혜의 수단과 공동체의 중요성

구원의 확신은 혼자만의 힘으로는 쉽게 자라지 않습니다. 하나님은 우리의 믿음을 성장시키기 위해 특별한 선물들을 주셨습니다. 그것이 바로 말씀, 기도, 예배, 그리고 교회 공동체입니다. 우리는 교회라는 신앙의 가족 안에서 하나님의 말씀을 듣고 함께 예배할 때 믿음이 자라고 확신이 더욱 견고해집니다.
예를 들어, 주일 예배에서 목사님의 설교를 통해 하나님의 사랑과 약속을 듣고, 성경 공부나 소그룹 모임을 통해 믿음의 친구들과 이야기를 나누면서 서로의 믿음을 격려하게 됩니다. 이런 과정을 통해 믿음은 점점 더 확실해지고, 구원의 확신도 커지게 됩니다.

Q2. 왜 교회와 신앙 공동체가 중요한가요?

교회 공동체는 우리의 신앙이 흔들리지 않고 건강하게 성장하도록 도와주는 아주 중요한 역할을 합니다. 혼자만 신앙생활을 하면 쉽게 지치고 외로울 수 있습니다. 그러나 함께

기도하고 예배하며 서로의 어려움을 나누는 교회 공동체는 우리에게 큰 위로와 힘이 됩니다. 함께할 때 우리는 믿음이 성장하고, 삶의 여러 어려움을 극복할 수 있는 능력을 얻습니다. 하나님은 공동체를 통해 우리가 서로 배우고, 서로를 도우며 함께 신앙의 길을 걸어가기를 원하십니다.

"함께 걸을 때 우리의 믿음은 더 밝게 빛납니다!"

3. 구원의 열매를 맺는 삶

구원의 확신을 가진 사람의 삶은 반드시 변화됩니다. 그 변화는 성령님이 우리 안에서 일하시는 결과이며, 자연스럽게 나타나는 '영적 열매'입니다. 성경은 '사랑과 희락, 화평, 오래 참음, 자비, 양선, 충성, 온유, 절제' 같은 열매가 나타난다고 말합니다(갈 5:22-23). 이런 열매들은 우리가 예수님을 믿고 하나님을 사랑할 때 자연스럽게 나타나며, 우리의 삶을 더욱 아름답게 만들어줍니다.
초대교회 성도들은 구원의 확신과 기쁨 때문에 서로의 필요를 채우고 나누는 삶을 살았습니다. 오늘날 우리도 구원의 확신이 있을 때 이웃을 진심으로 사랑하게 되고, 자신을 희생하며 다른 사람을 도와주게 됩니다.

Q3. 구원의 확신이 있으면 자유롭게 죄를 지어도 되나요?

절대 그렇지 않습니다. 구원의 확신이 있다는 것은 단순한 감정이나 지식의 문제가 아니라, 하나님과의 관계가 깊어졌다는 증거입니다. 관계가 깊어질수록 우리는 하나님의 마음을 더 잘 알게 되고, 그분이 미워하시는 죄를 우리도 미워하게 됩니다.
진정으로 구원받은 사람은 죄를 짓는 것이 더 이상 자연스럽지 않습니다. 죄가 즐거움이 아니라 고통이 됩니다. 왜냐하면 성령님께서 우리 안에서 끊임없이 죄를 대적하게 하시고, 의를 따르도록 우리를 이끌기 때문입니다.
그래서 구원의 확신이 있는 사람은 오히려 죄에 대해 더 민감하고, 죄를 멀리하려는 영적 싸움을 더욱 진지하게 감당합니다. 하나님과 가까운 사람일수록 죄에 타협하지 않고, 더 거룩한 삶을 살고자 하는 열망이 커지기 마련입니다.

결국 구원의 확신은 방종의 면허가 아니라, 거룩함을 향한 갈망을 더 뜨겁게 하는 불씨입니다. 확신이 깊어질수록 우리는 하나님이 기뻐하시는 삶을 더욱 간절히 추구하게 됩니다.

Q4. 구원의 확신을 더 분명히 하려면 어떻게 해야 하나요?

구원의 확신은 단번에 생기는 감정이 아니라, 하나님과 맺은 관계가 깊어질수록 점점 더 분명해지는 신앙의 표현입니다. 그 확신을 더 견고히 하려면 무엇보다 하나님의 말씀과 기도로 매일 하나님 앞에 나아가는 삶의 습관이 필요합니다. 말씀은 하나님의 진리를 마음에 새기게 하고, 기도는 하나님과 인격적 교제를 깊게 만들어 줍니다.

또한 정기적인 예배 참석과 공동체 속에서 이루어지는 교제 역시 매우 중요합니다. 예배는 하나님의 임재를 경험하는 시간이요, 믿음의 공동체는 우리의 신앙을 지탱해 주는 울타리입니다. 믿음의 친구들과 함께 신앙의 고민을 나누고, 서로 격려하고 기도해 줄 때, 우리는 신앙의 흔들림 속에서도 다시 중심을 잡을 수 있게 됩니다.

이러한 영적 습관들을 꾸준히 이어갈 때, 우리는 하나님의 사랑을 더 깊이 체험하고, 마음속에 참된 평안과 기쁨이 자라나게 됩니다. 그 안에서 구원의 확신은 점점 더 견고해지고, 삶의 어떤 상황 속에서도 하나님께 속해 있다는 믿음을 잃지 않게 됩니다.

Q5. 내 삶에서 어떤 변화들이 나타나야 구원의 증거라고 할 수 있나요?

구원의 증거는 단지 말이나 감정으로 확인되는 것이 아니라, 삶의 방향과 태도에서 분명하게 드러납니다. 진정으로 구원받은 사람은 하나님을 향한 마음과 이웃을 대하는 태도에 뚜렷한 변화가 나타납니다.

이전에는 죄에 대해 무감각하고 무관심했다면, 이제는 작은 죄에도 민감해지고 피하려는 마음이 생깁니다. 예배가 형식이 아니라 기쁨이 되고, 하나님을 사랑하는 마음이 일상 속에서도 중심이 됩니다.

또한 이웃을 향한 사랑이 행동으로 나타납니다. 섬김과 나눔, 용서와 격려, 이해와 인내가 점점 우리의 삶에 배어 나오게 됩니다. 이러한 변화는 갑작스럽게 나타나는 것이 아니라, 성령의 역사를 통해 점진적으로 맺어지는 삶의 열매입니다.

결국 구원의 확신은 삶의 변화로 이어져야 하며, 그 변화는 곧 하나님께 영광을 돌리고, 이웃을 사랑하는 삶으로 나타납니다. 그것이 바로 우리가 구원받았다는 가장 분명한 증거입니다.

"구원의 열매는 우리 삶을 비추는 가장 아름다운 빛입니다!"

나눔

1. 구원의 확신이 왜 중요하며, 신앙생활에 어떤 영향을 미칠까요?

2. 내 삶에서 구원의 증거로 나타나는 변화는 무엇인가요?

3. 구원의 확신을 얻기 위해 실천할 수 있는 영적 습관은 무엇인가요?

4. 구원의 확신이 있다면 왜 죄를 멀리하는 삶을 살아야 할까요?

마무리 하면서

- 구원의 확신은 하나님의 약속을 믿는 데서 나옵니다.
- 신앙 공동체는 우리의 믿음을 성장시키는 중요한 역할을 합니다.
- 성령님의 역사로 구원의 열매가 삶에서 나타납니다.
- 참된 구원의 확신은 죄를 멀리하고 하나님을 기쁘시게 하는 삶으로 이어집니다.

구원이란 무엇인가?

초판 인쇄일 2025년 12월 23일
초판 발행일 2025년 12월 30일
지은이 정원기
발행인 이기룡
펴낸곳 생명의양식
등록번호 서울 제22-1443호(1998년 11월 3일)
주 소 서울특별시 서초구 고무래로 10-5(반포동)
전 화 (02)592-0986
팩 스 (02)595-7821
홈페이지 qtland.com
디자인 이새봄